Juan Carlos Jim

Diálogo 2 punto 0
Un *tweet-book* sobre redes sociales para gerentes y emprendedores

COGRAF

Una edición de Cograf Comunicaciones
Caracas, Venezuela - Abril 2011
www.dialogo2punto0.com

Diálogo 2 punto 0
Un *tweet-book* sobre redes sociales
para gerentes y emprendedores.

Autor: Juan Carlos Jiménez
Facebook: www.facebook.com/jucarjim
Twitter: @jucarjim

www.dialogo2punto0.com
Twitter: @dialogo2punto0

Editado por Cograf Comunicaciones
www.libroscograf.com
Facebook: www.facebook.com/cograf
Twitter: @cograf

ISBN: 978-980-12-4890-3
Depósito Legal: lfi2522011658902

C O G R A F

Av. Francisco de Miranda con Av. Principal de Los Ruices,
Centro Empresarial Miranda, Piso 1, Ofic 1K. Los Ruices.
Caracas 1070, Venezuela. Telf/Fax: (+58 +212) 237-9702
Rif: J-30336261-3 - E-mail: contactocograf@cograf.com
www.cograf.com

Contenido

Objetivos de este *tweet-book* [(*)]

Esta publicación está dirigida a emprendedores, gerentes y ejecutivos de mercadeo, publicidad, relaciones públicas y talento humano.

Su contenido es para quien busca comprender mejor cómo aprovechar las redes sociales para su proyecto u organización.

¿Quieres saber más sobre la Web 2.0 sin abrumarte con la enorme cantidad de información tecnológica que hay?

¿Necesitas referencias prácticas que te ayuden a tener presencia en las redes sociales "sin morir en el intento"?

Son preguntas que yo también me hago, como emprendedor, empresario, gerente y profesional de la comunicación.

Creo que las oportunidades no llegan sino que se exploran, se construyen y se cultivan con diversas iniciativas constantes.

Desde 1994 exploro y busco oportunidades con Internet y confieso que he asimilado más cuando he compartido lo aprendido.

[(*)] Los mensajes en Twitter se denominan "*tweets*". Y la recomendación de un mensaje "*retweet*" (RT).

Así que en este breve texto ofrezco las ideas gerenciales más importantes que he aprendido sobre redes sociales en los últimos años.

No encontrarás recomendaciones sobre un software o una tecnología específica, sino ideas para que saques tus propias conclusiones.

Este no es un libro técnico, ni tampoco trata sobre cómo usar técnicamente las redes sociales.

Proporciono criterios estratégicos de comunicación que debes tener en cuenta cuando uses Facebook o Twitter.

Propongo lineamientos gerenciales que parten de una visión global de los medios sociales.

Ofrezco una noción integral para aprovechar la Web 2.0 como un conjunto de herramientas y servicios.

Por favor, envíame tus comentarios sobre este *tweet-book* a mi cuenta de Twitter @jucarjim o a jucar@cograf.com. Muchas gracias.

Juan Carlos Jiménez
Abril 2011

Por qué un libro escrito con *tweets*

Tomé en cuenta dos consideraciones claves para escribir mensajes más efectivos.

Primero: Las frases escritas más fáciles de comprender tienen entre 15 y 20 palabras.

Una frase de 15 a 20 palabras tiene la extensión suficiente para contener una oración simple y concreta.

Una oración de 15 a 20 palabras se puede leer sin perder el hilo y sin necesitar más aire para terminarla.

Al leer en ritmo armónico con la respiración, aumenta la capacidad de concentración del lector en un mensaje.

Si el lector está más concentrado en lo que lee, entonces tiene muchas más probabilidades de comprenderlo.

Segundo: Las oraciones muy largas son una falla frecuente en la comunicación escrita.

Cuando escribimos como hablamos, tendemos a escribir oraciones muy largas.

Es más fácil seguir el hilo de una conversación verbal, aunque tenga muchas "acotaciones".

Las acotaciones verbales en la comunicación escrita tienden a distraer la atención y a confundir al lector.

Generalmente es más difícil escribir fluido si lo haces exactamente igual a como hablas.

La comunicación verbal está llena de gestos y códigos vocales, difíciles de representar por escrito.

Para expresar por escrito las pausas y énfasis de la comunicación no-verbal hace falta un gran dominio de los signos de puntuación.

Se requiere mucho entrenamiento para que la comunicación escrita sea coloquial y a la vez gramaticalmente correcta.

En tal sentido, la Web 2.0 también te ofrece la oportunidad de entrenar tus habilidades de comunicación escrita.

Para mi, Twitter es como un gimnasio para ejercitar la escritura concreta, directa y comprensible.

Cuando escribo un *tweet* siempre reviso la posibilidad de que sea más corto y preciso.

Elimina todo lo que puedas en una frase sin que pierda sentido: quedará mejor.

Igualmente, cuando recomiendo el *tweet* de otra persona hago el ejercicio de ver si puede ser más breve.

William Shakespeare dijo "la brevedad es el alma del ingenio".

El escritor español Baltasar García lo puso de esta manera: "Lo bueno, si breve, dos veces bueno."

Muchos de los buenos *tweets* se parecen a la buena información periodística.

Cultivar un estilo periodístico en la comunicación escrita comercial es un útil ejercicio para gerentes.

La buena información periodística se focaliza en los hechos y es directa. Igual ocurre con la buena publicidad.

En Twitter puedes escribir hasta 140 caracteres, pero si quieres facilitar que otros te hagan "*retweet*" debes usar entre 120 y 130 caracteres.

No agotar los 140 caracteres de Twitter facilita que otros agreguen comentarios a tus *tweets*, y dialoguen contigo.

Ejercitar la comunicación escrita en Twitter mejora de inmediato tus mensajes en otros canales.

Twitter te puede ayudar con todas tus comunicaciones escritas, comerciales o institucionales.

En Twitter puedes probar gratuita y fácilmente diversas maneras de plantear una idea.

Plantea una misma idea de diferentes maneras y observa cuál de ellas llamó más la atención.

Puedes descubrir que muchos de tus mensajes de mercadeo atraen más la atención como preguntas que como afirmaciones.

Descubrirás que las expresiones de los internautas pueden ser mejores mensajes publicitarios que los tuyos.

Con las innumerables referencias publicadas por sus usuarios, Twitter es una gran fuente de aprendizaje e inspiración.

Es mucho lo que se aprende a escribir leyendo y disfrutando cómo escriben otros.

Ojalá que estas ideas sobre cómo las organizaciones pueden dialogar en las Web 2.0 te resulten útiles.

Gracias a su extensión, puedes publicar en Twitter los parráfos de este libro que más te gusten.

Algunos términos claves

Sobre estos temas siempre hallarás términos que se usan como sinónimos: Redes Sociales, Web 2.0 y "Social Media".

Estos términos tienen mucho en común, pero pueden connotar significados diferentes.

El concepto de redes sociales no es nuevo. Es parte de la historia de la humanidad.

Tus redes sociales están conformadas por los diferentes tipos de vínculos que tienes con diversos grupos de personas.

Esos vínculos los utilizas con fines personales de entrenamiento, fines profesionales o educativos, y también fines comerciales.

Usas tus redes sociales cuando llamas a familiares y amigos para pedirles o brindarles ayuda, información, consejos y favores.

Cada uno de esos grupos de vínculos y redes de personas conocidas son tus comunidades.

La durabilidad de los vínculos en tus comunidades depende de la intensidad del intercambio que mantengas con ellos.

Desde un ángulo profesional, empresarial o personal, esos vínculos también se conocen como capital relacional.

El capital relacional de tus redes sociales funciona como una cuenta de ahorros: Da dividendos si haces depósitos.

Si sólo les pides favores a tus amigos y familiares (retiros) tus vínculos se debilitan (y generan pocos intereses).

Si sólo usas tus redes sociales con fines comerciales la confianza en ti se debilita.

Si eres emprendedor o gerente ya conoces bien el valor de socializar con tu equipo de trabajo.

Tendrás un ambiente laboral más armonioso y productivo en la medida en que te mantienes construyendo confianza con tu equipo.

Si quieres que tus empleados se sientan más identificados con su trabajo debes ampliar tus vínculos con ellos.

Si sólo das órdenes a tus trabajadores, y no los escuchas o no tomas en cuenta sus ideas tendrás pocos vínculos afectivos con ellos.

Igual importancia tiene la interacción de los miembros que constituyen una familia. Más unidos están los que se respetan más.

Y el verdadero respeto requiere de cercanía para escucharse mejor y para expresarle al otro más reconocimiento.

La gente que se respeta más y se expresa más reconocimiento puede llegar a comunicarse mejor y tener vínculos más fuertes.

Como ves, el concepto de redes sociales siempre ha estado presente en tu vida.

De una forma u otra, y unos más que otros, todos compartimos con las redes sociales que tenemos.

Socializar es uno de los signos claves de un mundo cada día más entrelazado, intervinculado y "en-redado".

La gente socializa más porque tiene más medios y más necesidad de hacerlo.

Con la Web 2.0 la humanidad cuenta con una inmensa cantidad de herramientas y recursos para dialogar más fácilmente.

Redes sociales en Internet

El concepto de redes sociales en este libro tiene 2 connotaciones: comunidades virtuales y herramientas de interacción.

Las comunidades virtuales en Internet están formadas por tu propia red de vínculos directos, y la red de relaciones de tus vínculos.

Vínculos directos

Vínculos indirectos

Es la interrelación de vínculos diferentes lo que le da tanto poder a las redes sociales.

Siempre han tenido mucha influencia, pero con Internet el poder de las redes sociales es mayor.

Sabes que los clientes satisfechos hablan bien de tu empresa en sus comunidades y con sus relacionados directos.

El poder de multiplicación de un mensaje en las redes sociales es lo que has conocido siempre como el boca-a-boca.

El poder de la publicidad boca-a-boca: La gente es mucho más propensa a probar productos recomendados por amigos.

La gente cree y confía más en sus vínculos, porque ellos ya tuvieron una experiencia con ese servicio o producto.

La gente recurre a sus redes sociales para pedirles consejos sobre productos y servicios.

Muchas personas en todo el mundo usan las redes sociales como herramientas para opinar sobre productos y servicios.

Saber aprovechar el poder comunicacional de la Web 2.0 supone que la veas como herramienta de trabajo.

Las redes sociales en Internet funcionan gracias a los servicios gratuitos de ciertos sitios Web, que estimulan la interacción de la gente.

Mientras más fácil es la interacción en los sitios 2.0, más rápido se conforman comunidades virtuales en ellos.

Para una organización comercial o social, las redes sociales son extraordinarias plataformas de comunicación y divulgación.

Servicios y herramientas 2.0 son útiles para las comunicaciones externas e internas de las organizaciones.

En su interior las empresas son una red de vínculos, y sus diferentes departamentos son comunidades.

No importa el número, si hay personas interactuando hay una comunidad dialogando.

Donde quiera que haya diálogo, la Web 2.0 tiene el potencial de facilitarlo, ampliarlo y fortalecerlo.

Pero como cualquier herramienta, la efectividad de las redes (como medio de comunicación) depende de cómo son utilizadas.

La Web 2.0

El término "Web 2.0" se utilizó por primera vez en el 2004, por la editorial O'Reilly Media, especializada en tecnología e informática.

Se quiso establecer una diferencia con la Web 1.0, cuyos contenidos no generaban la participación protagónica de los internautas.

Típicos sitios 1.0 son mayoritariamente los de empresas e instituciones con comunicaciones unidireccionales.

La mentalidad gerencial 1.0 funciona sobre la intención de querer controlar lo que se publica.

Los medios de comunicación (TV, radio e impresos) también eran 1.0. No permitían ninguna interacción del público.

Sin embargo, muchos de los sitios Web de medios de comunicación evolucionaron y hoy forman parte activa del mundo 2.0.

Entre los primeros sitios de la Web 2.0 se destacan los Blogs, un servicio que se popularizó en el año 2000.

La tecnología de los Blogs democratizó la posibilidad de generar contenidos y lanzarlos al mundo.

Gracias a los Blogs, individuos desconocidos se convirtieron en poco tiempo en referencias influyentes de opinión pública.

Los Blogs fomentaron comunidades de intercambio de experiencias sobre temas específicos de interés común.

La gratuidad del servicio y su facilidad de gerencia e interacción, hizo de los Blogs los sitios más populares de la Web 2.0.

Los Blogs funcionan como herramientas de socialización que estimulan la conformación de redes sociales.

Antes de los Blogs, la principal plataforma de redes sociales en Internet era el correo electrónico y sus variantes Web.

Después surgieron los sitios que abrieron la posibilidad de crear grupos propios de amigos y seguidores de temas específicos.

En el 2002 apareció Friendster, en el 2003 Myspace, en el 2004 Facebook, y en el 2006 Twitter.

Y en los años subsiguientes han aparecido miles de servicios adicionales de diálogo 2.0.

Algunos servicios 2.0

Cómo te has dado cuenta, los términos Web 2.0, medios sociales "social media" y redes sociales pueden utilizarse como sinónimos.

La Web 2.0 se refiere a tipos de sitios Web, sustentados en ciertas tecnologías y contenidos orientados a generar participación.

Los medios sociales son una diversidad de servicios Web, que permiten la socialización virtual y digital (texto, fotos, voz y video).

Las redes sociales son una consecuencia del uso y aprovechamiento de la Web 2.0 con diversos fines (comercio, entretenimiento, etc.).

Si ves la Web 2.0 como un conjunto integrado de medios de socialización, podrás interactuar mejor con las comunidades existentes.

Si dialogas adecuadamente, podrás generar tus propias conversaciones y comunidades de seguidores.

Recuerda que debes proponer temas de interés común para que puedas llamar la atención y generar interacción.

Si tus mensajes en la Web 2.0 sólo son de carácter comercial producirás rechazo.

Asuntos de atención al cliente y consejos prácticos los puedes canalizar a través de Facebook y Twitter.

Para temas de negocio que necesites abordar con más amplitud puedes recurrir a un Blog.

En Blogger.com, WordPress.com o Tumblr.com puedes configurar de manera rápida y gratuita un Blog.

Si te interesa promocionar fotos de tus productos, servicios o instalaciones usa servicios como Flickr.com o Sonico.com.

Puedes divulgar videos relacionados con tus actividades, aunque los hagas con el teléfono móvil, en YouTube.com o Vimeo.com.

Puedes difundir documentos o presentaciones corporativas con servicios como los de SlideShare.com o Scribd.com.

Dispones de interesantes servicios para que realices invitaciones 2.0 a eventos o promociones, como TwtVite.com.

También puedes hacer encuestas de manera sencilla con servicios gratuitos como los de TwtPoll.com.

Una respetada herramienta de divulgación de tu perfil profesional y resumen curricular es Linkedin.com.

Las noticias de tu organización pueden tener un alcance mayor con servicios como los de Digg.com o Meneame.com.

También hay herramientas gratuitas para evaluar tu presencia en la Web 2.0 como SocialMention.com o HowSociable.com.

Todos estos servicios los puedes aprovechar no sólo como plataformas de promoción de tus actividades.

También puedes sacarle provecho a los servicios 2.0 como herramientas de gestión y diálogo dentro de tu organización.

El valor para tu organización

Tus clientes actuales o potenciales ya están en las redes sociales, hablando de muchas cosas, incluyendo productos y servicios.

En la Web 2.0 la gente habla de experiencias con grandes marcas de empresas y también con pequeños negocios.

No es posible que te enteres de lo que están diciendo si no participas, aunque sea de la manera más conservadora.

Si tú o tu negocio no tienen presencia en las comunidades virtuales le regalas ventaja a tus competidores.

Las redes sociales te permiten conocer los temas que más importan a la gente y sus mayores inquietudes.

A través de los diversos diálogos que hay en las comunidades 2.0 puedes conocer necesidades no satisfechas.

Conocer y comprender las expectativas de la gente son las bases para identificar oportunidades de negocio.

El conocimiento del mercado que puedes obtener en las redes sociales es menos costoso que en otros medios.

La gente de tu equipo de trabajo también dialoga en las redes sociales.

Si los involucras adecuadamente, tus empleados pueden ser voceros y representantes de tus actividades.

Algunas empresas han estado formando a su personal para que pueda atender clientes en las comunidades virtuales.

Preparar a sus trabajadores para que participen en las redes sociales multiplica los canales de servicio de las organizaciones.

La empresa Best Buy tiene a más de 2.300 empleados respondiendo y asesorando a clientes a través de Twitter.

Si tu gente se siente integrada a la cultura de la empresa, hablará en las redes sociales del orgullo de ser parte de ella.

A través de la participación de sus trabajadores en las redes sociales, las empresas pueden atraer a más talento humano.

Otras organizaciones aprovechan ciertos servicios de las redes sociales para apoyar su gestión y sus operaciones.

Hay equipos de trabajo que se comunican a través de ciertos medios sociales mejor que con el e-mail.

Otros han mejorado la distribución de documentos a través de sitios como Scribd.com.

Compartir archivos digitales a través de servicios 2.0 descongestiona las redes internas de muchas empresas.

Otras organizaciones están aprovechando las comunidades virtuales para hacer investigación de mercado permanente.

En el 2009, la empresa Starbuck recibió de sus clientes más de 100 mil ideas para fortalecer su negocio.

El diálogo 2.0 con clientes externos e internos puede generar mucha lealtad hacia las marcas a menor costo.

Lo que tu organización puede ahorrar con la Web 2.0, en términos de gestión y comunicación es enorme.

El valor del capital relacional que puedes construir en las redes sociales también puede ser muy alto.

Ten presente que los servicios básicos en todas las redes sociales los puedes usar gratuitamente.

No hay punto de comparación en cuanto a costos si tuvieras que desarrollar esos servicios para el uso exclusivo de tu negocio.

De igual modo, algunas redes sociales ofrecen servicios más avanzados a un costo mucho menor que "hacerlos en casa".

El aprendizaje sobre cómo puedes aprovechar las redes sociales es más eficaz participando que inhibiéndote.

Desde el punto de vista de imagen, corres más riesgo dejando de participar en las redes sociales que participando.

Como casi todo lo que tiene mucho valor, la confianza y la credibilidad no se producen de la noche a la mañana.

Dialogar en la Web 2.0 y sacarle provecho para tu gestión no es difícil. Pero hace falta más flexibilidad gerencial.

Cómo debería dialogar una empresa

Compartir es uno de los signos claves de una sociedad cada día más entrelazada, intervinculada y "en-redada".

La gente socializa más porque cada día tiene más necesidad de hacerlo y más medios para lograrlo.

Socializar satisface la necesidad humana de sentirnos parte de un grupo con quienes compartimos intereses.

Todos los temas son importantes al socializar; lo serio y lo mundano, lo sagrado y lo pagano.

La importancia de los temas con los cuales socializamos está determinada por las necesidades de cada quien.

Las "Relaciones Públicas" son una forma de socializar, pero no funcionan igual en las redes sociales.

Las relaciones públicas suponen posturas "serias". No suelen contemplar espacio para lo que no sea "formal".

A muchas empresas les cuesta entender el valor de socializar porque piensan que es "algo" sin relación directa con el negocio.

Si socializar no es relevante para tu empresa, pensarás que hay mucha trivialidad en la Web 2.0.

Lo relevante no es que la gente diga trivialidades en Facebook o Twitter, sino que lo puede hacer. Antes no podía.

La gente también habla en las redes sociales acerca de productos, servicios, empresas, proyectos, noticias, política, etc.

Actualmente, muchos sitios Web 2.0 tienen más poder de influencia social que la TV, la radio, los periódicos y las revistas.

El alcance e inmediatez de la Web 2.0 ha superado el de los medios tradicionales de comunicación masiva.

Las redes sociales han facilitado que la gente experimente al socializar su poder de influencia colectiva.

Con la Web 2.0 no sólo empresas e instituciones son globales; la gente común y corriente también.

Compartir en público ideas y sentimientos es una aspiración social que la Web 2.0 ayuda a satisfacer.

La plataforma de redes sociales ayuda en buena medida a que las personas reafirmen su identidad con sus grupos de interés.

Encontrar a personas con intereses comunes en diferentes partes del mundo de un modo u otro reafirma nuestra humanidad.

Socializar es parte de las necesidades humanas fundamentales: somos gregarios.

Si no comprendes este hecho como una necesidad, será difícil que comprendas el valor de la socialización para tu negocio.

Para empresarios y gerentes, el concepto de socialización en la Web 2.0 quizás represente la parte más difícil de digerir.

Las relaciones públicas y la responsabilidad social empresarial son enfoques limitados para las redes sociales.

Socializar en comunidades virtuales supone que cada empresa debe encontrar la manera de ser persona, además de ser organización.

Ser persona no es una idea común en el mundo comercial, sobre todo si te has esforzado en ser "formal".

A las empresas les resulta más fácil verse como persona al estar cerca del consumidor final.

Una empresa es persona cuando trata con cada cliente como un individuo y no como uno más del montón.

Empresas e instituciones actúan como personas cuando tratan a la gente como seres humanos y no sólo como clientes o usuarios.

Ser persona en las redes sociales requiere que entiendas que a veces debes tutear a tus interlocutores.

Debes aprender a diferenciar cuándo es más apropiado tratar de "usted" o "tú" en las redes sociales.

Para socializar con autenticidad las empresas deben ser más humildes y flexibles.

No hay una receta para que una empresa socialice en las redes sociales. Cada quién lo debe hacer de acuerdo a sus objetivos.

La socialización también depende de la "fama" de cada empresa. Las más conocidas tienen más influencia "natural".

Empresas y personas famosas tienen muchos seguidores y "amigos" que ya hablan de ellos.

Los famosos tienen retos de socialización diferentes a los que tenemos los desconocidos.

Las marcas famosas están más expuestas en las redes sociales porque impactan la vida de muchas personas.

Si no tienes un negocio famoso debes dialogar más en las redes sociales, pero tienes más agilidad que las empresas grandes.

Las empresas pequeñas tienen menos burocracia que las grandes. Eso las hace más ágiles para socializar.

Vale decir que tener muchos seguidores en las redes sociales no significa, automáticamente, socializar.

Muchas empresas y personas famosas no interactúan casi con sus seguidores y siguen a pocas personas.

Una empresa que socializa en la Web 2.0 no sólo tiene una cuenta para atender las quejas y reclamos de clientes.

La peor forma de dialogar de una empresa en las redes sociales es dedicarse principalmente a auto-promocionarse.

Socializa realmente en la Web 2.0 la empresa que también sigue a muchas personas, interactúa con ellas y las recomienda.

Socializar en las redes sociales es mucho más que obtener seguidores...

Si ganas un seguidor en alguna red social no asumas que, automáticamente, es un fanático a tu favor.

Socializar en la Web 2.0 como empresa es tu forma y fondo de relacionarte con la gente, más allá de tu misión comercial.

Cuando una organización, comercial o social, dialoga de verdad en la Web 2.0 tiene más sentido de reciprocidad.

Para socializar en la Web 2.0, como empresario o gerente, debes asumir una relación de igualdad con las comunidades virtuales.

Las empresas necesitan ampliar su sentido de humildad para poder socializar acertadamente en las redes sociales.

Si tienes suficiente humildad para aprender, es mucho el provecho que le puedes sacar a la Web 2.0 para tu negocio.

Las empresas aprenden a dialogar en las redes sociales cuando ponen más énfasis en escuchar.

Comienza a dialogar "escuchando"

"Escuchar" es el primer principio que debes aplicar para sacarle provecho comunicacional al diálogo 2.0

Para las empresas, escuchar no es una estrategia obvia. La publicidad ha sido, históricamente, unidireccional.

Las empresas que identifican más y mejores oportunidades de negocio son las que cultivan la escucha empática del mercado.

Escuchar empáticamente es una clave de comunicación corporativa, de mercadeo y de publicidad, fundamental en la Web 2.0.

Pon a punto el oído de tu empresa. Escucha bien y escucha todo. Escucha para comprender y aprender.

Para tu negocio, cualquiera que sea, escuchar en las redes sociales significa leer entre líneas con empatía.

Escúchalo todo: Lo bueno, lo malo, incluyendo los distintos matices, y aplica los principios de la lectura comprensiva.

Lectura comprensiva significa buscar conocer más a la gente, comprender lo que piensa y aprender en el proceso.

Al escuchar, tu principal objetivo como empresa consiste en buscar entender lo que piensa y siente el mercado.

Comprender las aspiraciones del público y su origen es la base de tus oportunidades inmediatas.

Escucha con humildad lo que dicen de tu marca, tu empresa, tus productos, tu industria y tus competidores.

Si no escuchas con humildad sólo oirás palabras sin sentido, o no comprenderás su trasfondo.

Las empresas que escuchan con humildad en la Web 2.0 lo hacen sin prejuicios. No fingen escuchar.

Que las empresas escuchen con humildad es un gesto básico de respeto que esperan los internautas.

Si tu empresa no escucha con paciencia y sin soberbia no podrá captar la dinámica de las redes sociales.

Escuchar con humildad te permite ver oportunidades de mejora. De lo contrario "oirás " mucha frivolidad o provocación.

Recuerda que los clientes se hacen fanáticos de quienes se esmeran en escucharlos y comprenderlos.

Los clientes siempre han creído y confiado más en las empresas que los oyen mejor.

Cuando una empresa escucha empáticamente a sus clientes les transmite reconocimiento y aprecio.

Escuchar (leer con empatía) le permite a las empresas brindar buena atención al cliente en las redes sociales.

Las empresas también pueden sacarle provecho a las redes sociales cuando escuchan lo que no se dice de ellas.

Investigar y seguir temas claves para tu empresa son suficiente razón para ejercitar los oídos en las comunidades virtuales.

Muchas empresas no tienen presencia en la Web 2.0 por temor a lo que pueden escuchar, o creen que es muy difícil gerenciar.

Escuchar el diálogo 2.0 es una gran oportunidad para mejorar la atención y el servicio al cliente.

Las empresas que escuchan más en las redes sociales aprenden e innovan más.

Las empresas que comprenden que las quejas de sus clientes son valiosas pueden innovar más, a menor precio.

Las empresas que estimulan y escuchan las sugerencias en las redes sociales reciben innumerables oportunidades de negocio.

No te preocupes si lo que escuchas no te gusta. En Internet es fácil encontrar cierta negatividad.

La negatividad en las redes sociales es sólo parte de la disponibilidad de estos espacios virtuales de expresión.

La gente siente que en la Web 2.0 puede expresar quejas u opiniones que las empresas no escuchan en otros medios.

Los clientes se sienten irrespetados por las empresas que no los escuchan. Por eso se desahogan en las redes sociales.

La Web 2.0 es una vía para la expresión libre de la gente, sin las barreras de los medios tradicionales de comunicación.

Los internautas sienten que los medios sociales tienen tanto o más poder que las empresas para comunicar sus opiniones.

Los internautas experimentan su poder en las redes sociales todos los días y a cada momento.

Las empresas pueden ahorrar mucho tiempo y dinero si aprenden a escuchar con respeto a las comunidades virtuales.

Las empresas que respetan a las comunidades virtuales las tratan con claro sentido de igualdad.

Los internautas viven su poder en la Web 2.0 a través de la resonancia que pueden tener sus opiniones.

Resonancia en redes sociales: seguidores, amigos, visitas, recomendaciones, menciones, *retweets*, estrellas, etc.

Las empresas deben aprender a interpretar la resonancia que tienen los diversos temas de su interés.

Los mensajes sobre empresas en las redes sociales pueden ser directos o no. Para reconocerlos hay que aprender a escuchar.

Escucha las quejas como si hicieras un estudio de mercado "en vivo": Son una fuente gratuita de oportunidades de mejora.

Recuerda que las quejas de los clientes ya estaban allí, no nacieron con las redes sociales.

Que tu empresa no participe en las redes sociales no hace que esas quejas no existan.

Escuchar es un reto para la madurez de tu organización y su reacción corporativa.

La manera como escuchas en las redes sociales refleja el verdadero valor que los clientes tienen para ti.

Escuchar con inteligencia en la Web 2.0 les permite atender a los clientes de manera especial y memorable.

Las redes sociales son asumidas por cada internauta de manera individual y personal.

En las redes sociales tus interlocutores esperan ser escuchados uno por uno; así también esperan ser atendidos.

La atención individualizada de la gente es uno de los pilares de la buena reputación empresarial en las redes sociales.

Escuchar (leer) empáticamente es ponerse en el lugar del otro. No leas para juzgar sino para aprender.

La lectura empática te permitirá identificar oportunidades para tu organización que ahora no son evidentes.

Leer empáticamente en las redes sociales es una inversión mínima pero muy rentable en inteligencia de mercado.

Los comentarios de las comunidades virtuales pueden ayudarte a mejorar tus productos y servicios.

Escuchar más y averiguar el trasfondo de lo que escuchas te permite tener un diálogo 2.0 más interesante.

Ciertas empresas y personalidades famosas tienen muchos seguidores pero ellas siguen a pocos: no los escuchan.

Si tu empresa sigue a pocas personas, perderás oportunidades derivadas de la diversidad de opiniones.

Sigue a gente que está más allá del entorno de tu área de trabajo. Escucha a personas diferentes.

Encontrarás mejores interconexiones en la medida que sigas (y escuches) a más personas interesantes.

Escuchar mucho y con detenimiento te permitirá "hablar" mejor en la Web 2.0.

Lineamientos para "hablar"

La principal dificultad de las empresas para aprovechar la Web 2.0 radica en su habilidad de conversar, más allá de la publicidad.

Las empresas necesitan comprender mejor lo que significa el diálogo 2.0, un concepto aparentemente simple.

Conversar no es sencillo, especialmente para organizaciones comerciales. Sus paradigmas de venta no ayudan.

Su naturaleza comercial hace que a las empresas les resulte más "natural" hacer publicidad que conversar.

Es fácil que la gente común y corriente crea que a las empresas no les interesa conversar sino es de negocio.

Si sólo hablan de negocio, la conversación de una empresa en las redes sociales resultará muy aburrida.

Vender o promocionarse es lo que a las empresas les gusta más y practican con naturalidad.

El que sólo habla y poco escucha no conversa. Y en las empresas este defecto se nota más.

Cuando te acostumbras a ser muy activo en el hablar, es fácil que disminuyas tu sensibilidad para escuchar y conversar.

Es comprensible que estemos más ansiosos por hablar, porque es una forma de sentir que tenemos control y poder.

La práctica más común de mercadeo y publicidad comercial es la comunicación unidireccional y la venta directa.

La publicidad unidireccional suele chocar con el tono conversacional que tiene la gente en las redes sociales.

Si sólo hablas de tu empresa o tus productos en la Web 2.0 serás ignorado por egocentrista.

Dialogar adecuadamente en los medios sociales implica mucha madurez sobre el ego empresarial.

Conversar es aparentemente contradictorio para algunas empresas, porque parece no tener un claro sentido comercial.

Dialogar con autenticidad es la base principal para que las empresas puedan tener éxito en las redes sociales.

No hay una empresa que diga que conversar no es fundamental. Pero en la práctica no son muy conversadoras.

Las empresas tienen más experiencia con publicidad y promociones orientadas al corto plazo.

Conversar en la Web 2.0 no es dedicarse a divulgar lo bueno de tu empresa y tus productos.

Las empresas deben comprender que las conversaciones en las redes sociales son como charlas entre amigos.

El diálogo entre amigos es fresco, variado, ligero, y sobre diversos asuntos de la vida diaria.

Si los amigos hablaran como lo suelen hacer las empresas, las conversaciones serían fastidiosas.

Las empresas tienden a conversar con mensajes con los que siempre buscan vender algo.

Que siempre quieran vender algo no es malo. Eso es lo que le corresponde a un negocio.

Lo malo de estar siempre vendiendo es que la forma y el momento pueden ser impertinentes.

Si la mayoría de sus mensajes son de venta, es difícil que la empresa realmente dialogue sin ser "invasiva".

Para socializar en la Web 2.0 las empresas deben incorporarse a lo que dicen los internautas.

Para integrarse al diálogo 2.0 se debe apoyar oportunamente lo que dicen otros.

Si la empresa no puede hablar de un tema que vaya más allá del negocio es difícil que dialogue con éxito.

Las empresas deben participar en las redes sociales recomendando lo que dicen otras personas y organizaciones.

Apoyar mensajes de otros, de interés común, ayuda a que la empresa sea percibida como una organización noble.

Reaccionar con comentarios sobre lo que dicen otros es una manera de que la empresa sea persona.

Dialogar consiste también en dar consejos útiles a las personas, sean o no clientes.

El diálogo 2.0 implica brindar orientación a la gente, aunque se beneficie la competencia.

Conversar es divulgar información de utilidad pública general y no sólo sobre el negocio.

La empresa debe contestar las preguntas legítimas de las redes sociales, en tono de servicio y no de defensa.

No te estreses si cometes errores. "El que tiene boca se equivoca". En una conversación entre amigos hay equivocaciones.

Si te equivocas ofrece disculpas, pide perdón. Corrige de inmediato y continúa. Es lo normal en cualquier conversación.

No mientas: No inventes seguidores, no inventes perfiles, no simules votos. Siempre se sabrá y perjudicará tu imagen.

No niegues los errores de buenas a primera. Da las gracias porque te avisaron y ofrece investigar-solucionar (cumple).

Reconocer errores a tiempo es digno y genera confianza. La sinceridad es muy valorada en las redes sociales.

No te angusties por responder de manera directa todo lo que otros digan. Conversar también es investigar.

Responde las críticas ofreciendo puntos de contacto directo para brindar mejor calidad de atención.

La atención personalizada de quejas y críticas ayuda a construir confianza y credibilidad.

Si enfrentas mensajes injustificados, no te desesperes. En ciertos momentos la mejor respuesta es el silencio.

Los planteamientos injustificados o sin sentido se suelen descalificar solos. No caigas en provocaciones.

No pongas nada por escrito en la Web 2.0 de lo que después puedas arrepentirte.

Si te arrepientes de algo que publicaste en la Web 2.0, siempre puedes borrarlo. Hazlo.

Evita escribir con rabia o soberbia. No son pocos los que podrían sentirse ofendidos.

Mensajes escritos "amargos" pueden ser interpretados como agresividad hasta por quienes no son sus destinatarios.

Si quieres construir una buena reputación escribe con espíritu positivo y optimista.

La empresa necesita conversar como una persona y no como un departamento de mercadeo o ventas.

Las empresas deben desarrollar el hábito de preguntar para comprender las verdaderas necesidades de la gente.

Preguntar es la acción de mercadeo más importante que puede hacer una organización, comercial o social.

Las organizaciones con hábito de preguntar identifican más oportunidades de mejora a menor precio.

Tu empresa tiene la oportunidad en las redes sociales de ser gente, ser persona, y socializar como tal.

Tu empresa debe pensar en su comunicación como una persona lo haría en una conversación cualquiera.

Una empresa es persona cuando da bienvenida y agradecimiento a sus nuevos seguidores en las redes sociales.

También son personas las empresas que agradecen recomendaciones y comentarios de sus seguidores.

Los diálogos 2.0 son individuales y personales; por eso la publicidad directa suele ser impertinente.

Si sólo conversas en las redes sociales como un vendedor impaciente, tus mensajes serán inoportunos.

Para que tu publicidad directa sea escuchada en la Web 2.0 debes construir mucha confianza.

Construir confianza en cualquier red social siempre toma tiempo y esfuerzo, en especial para las empresas.

Para que tus ofertas de productos y servicios sean atendidas debes construir una base de seguidores de calidad.

La calidad de los seguidores en las redes sociales está dada por la influencia que tienen en otros.

Conversar en las redes sociales no significa que las empresas dejen sus actuales planes de mercadeo y ventas.

Dialogar en las redes sociales significa que las empresas necesitan otra estrategia para estas comunidades virtuales.

Una estrategia de diálogo 2.0 no es excluyente de la venta directa.

Para que las ventas directas sean efectivas en la Web 2.0 hay que construir buena reputación pública.

El uso de las herramientas 2.0 implica orientar el mercado a públicos más pequeños y específicos.

Mientras más específico sea el mensaje más oportunidades de difusión tendrá.

Para dialogar eficazmente en los medios sociales se necesita una visión integral del rol de todas las comunicaciones.

El diálogo 2.0 también es un reto para promover dentro de la organización una cultura de participación.

Para que una empresa tenga éxito en las redes sociales necesita de la participación de sus empleados.

Mejorar el diálogo dentro de los equipos de trabajo es mejorar su integración y productividad.

Al mejorar el diálogo entre los empleados, mejora el trabajo en equipo y aumenta su compromiso con la empresa.

Así que la Web 2.0 también ofrece una oportunidad para desarrollar una cultura organizacional basada en la confianza.

Conversar en las redes sociales es una oportunidad para que tu empresa aprenda a ser más humana.

La sociedad contemporánea tiene mayor aprecio y valor por las organizaciones más humanas.

Te sugiero este esquema de plan

Imagino que si leíste hasta aquí es porque te interesa saber cómo poner en práctica todas estas ideas.

Cada quien tiene sus propias necesidades. Así que este esquema de plan es para que lo adaptes a tu realidad.

No es una receta ni una orientación rígida. Son 5 criterios prácticos para que tengas un punto de arranque.

Algunas de las ideas de este esquema de plan ya te las dije antes, pero aquí son parte de una estructura.

Es un plan sencillo, considerando que eres un emprendedor o gerente de una organización comercial o social.

Este plan no requiere que tengas experticia en tecnología; sólo necesitas saber navegar en Internet.

Tratándose de un plan mínimo de arranque, no te hace falta realizar ninguna gran inversión sino unos 15 minutos diarios.

1. Se trata de un maratón, no de una carrera de 100 metros planos. La clave es constancia y resistencia, no velocidad.

Necesitas tener la postura de quien apunta lejos. Esta perspectiva te brindará más puntería.

No esperes popularidad instantánea al crear una cuenta en Twitter o Facebook, o al comenzar un Blog.

Sólo personalidades y marcas que tienen fama desde antes de la Web 2.0 consiguen seguidores con facilidad.

Una buena reputación en las redes sociales requiere de perseverancia, creatividad, disciplina y tiempo.

Ten en cuenta que en las redes sociales rige el principio de que calidad es más importante que cantidad.

Aprender cómo te corresponde socializar, como empresa y empresario, productivamente, no sucede de la noche a la mañana.

La visión de maratón te ayudará a definir mejor tus objetivos y a concebir la debida gradualidad de tu esfuerzo.

Incorpora a tus empleados al proceso de aprender a dialogar en la Web 2.0.

2. Ten claridad sobre tus objetivos, tanto para ti como persona, emprendedor y gerente, como para tu negocio.

La claridad sobre tus objetivos con la Web 2.0 te permitirá ver mejor los requerimientos y tener un plan de trabajo.

Los recursos y el esfuerzo que debes invertir son directamente proporcionales a lo ambicioso de tus objetivos.

Estos son algunos objetivos empresariales para el mediano plazo, que puedes adaptar a tu caso específico:

• **Aprender** las implicaciones del diálogo 2.0, como empresa y como emprendedor.

• **Conocer** mejor lo que piensan y sienten los clientes, actuales o potenciales, y cómo lo expresan.

• **Asesorar** a los participantes de estas comunidades virtuales sobre temas relacionados con tu negocio.

• **Promocionar** tus productos, servicios, proyectos para crear nuevas oportunidades.

• **Desarrollar** una cultura organizacional que propicie la confianza y el diálogo productivo.

3. Comienza cuanto antes. El método más eficaz de aprendizaje es la práctica.

Abre al menos una cuenta personal en las redes sociales de tu interés y una para tu negocio.

Dos cuentas te ayudarán a participar en la Web 2.0 de acuerdo con los intereses específicos de cada caso.

También podrías abrir una cuenta para tus productos o servicios "estrellas".

Al abrir tus cuentas en la Web 2.0 podrás conocer los nombres disponibles y los de tus competidores.

Tener tus cuentas es el paso inicial para comenzar a participar en las redes sociales que te convengan.

La foto de tu perfil se debe adecuar a la manera en que quieres identificarte y ser percibido, como persona o empresa.

Integra a tu equipo de trabajo a las reflexiones y decisiones de tu estrategia 2.0. Así construirás un compromiso colectivo mayor.

4. Sé tú mismo, pero recuerda: representas la marca de tu negocio, proyecto, producto, servicio, organización.

Las comunidades 2.0 no son una masa abstracta de consumidores, clientes o prospectos. Antes que nada son gente.

La gente en las redes sociales quiere interactuar y compartir con personas con sentimientos y opiniones propias.

Los internautas prefieren dialogar con organizaciones que actúan más como una persona que como una maquinaria rígida.

Un estilo únicamente protocolar o epistolar de comunicación, no funciona en las redes sociales.

Si eres capaz de escuchar, comprender y no actuar como un robot, sin sentimientos, tu empresa será percibida como humana.

Como empresa debes mostrar en la Web 2.0 intereses sociales que van más allá de tu negocio.

Muéstrate como persona y empresa que puede conectarse humanamente con otros, más allá del fin comercial.

5. Practica los lineamientos para escuchar y hablar en la Web 2.0 que te propuse antes.

Comienza siguiendo a otros y recomendando lo que otros dicen sobre temas relacionados con tus intereses.

Las comunidades virtuales giran alrededor de temas, así que debes plantear tus mensajes en los mismos términos.

Busca lo que dicen sobre los temas claves para ti en los sitios de redes sociales que te convengan.

La visión temática del diálogo 2.0 te ayudará a identificar interlocutores valiosos que aún no conoces.

Para comenzar a tener una presencia interesante en la Web 2.0 sólo debes invertir unos 15 minutos diarios.

Al publicar mensajes hazlo con equilibrio: 1/3 sobre ti; 1/3 para recomendar ideas y noticias; y 1/3 para conversar.

Cada sitio Web 2.0 requiere de un esfuerzo diferente, en el que lo más importante es calidad y no cantidad.

Investigar y leer lo que piensa la gente es también una manera de socializar en la Web 2.0.

Referencias bibliográficas

Algunas publicaciones y sitios Web que pueden ser interesantes para ti, si quieres profundizar en los temas relacionados:

COBO, Cristóbal; PARDO, Hugo (2007). *Planeta Web 2.0. Inteligencia colectiva o medios fast food*. http://www.planetaweb2.net

Compilación de Eva San Agustín (2009). Del 1.0 al 2.0. Claves del nuevo marketing. http://www.box.net/shared/tgoujqjm72

Diccionario básico de los términos más utilizados en Twitter: http://bit.ly/gt3G9p

FUMERO, Antonio; ROCA, Genís (2007). *Web 2.0*. http://bit.ly/hFPL8n

Interactive Advertising Bureau (2009). *Comunicación en Medios Sociales. El libro blanco de la IAB España*. http://www.box.net/shared/qlf7lr6gt7

JIMENEZ, Juan Carlos (2008). *El e-mail en el trabajo. Manual de supervivencia. Soluciones y consejos*. http://tinyurl.com/4jte3w

PARDO, Hugo (2010). *Geekonomía. Un radar para producir en el postdigitalismo*. http://bit.ly/frERG1

POLO, Juan Diego (2009). T*witter para quien no usa Twitter*. http://bit.ly/fbadnT

VILLANUEVA, Julián; ACED, Cristina; ARMELINI, Guillermo (2007). *Los blogs corporativos: una opción, no una obligación*. http://estudio.blogs.grupobpmo.es

Sobre el autor

Juan Carlos Jiménez comenzó su experiencia profesional en 1978 como diseñador gráfico. Se desempeñó como director creativo en empresas editoriales, medios impresos de comunicación, estudios de diseño y agencias de publicidad.

En 1990 fundó Cograf Comunicaciones, y aquí se dedica al diseño y ejecución de proyectos de identidad de marcas, comunicación corporativa, mercadeo, ventas, Internet y atención al cliente.

Desarrolla programas de asesoría y formación profesional, para promover cultura de atención y servicio al cliente y equipos de trabajo de alto desempeño basados en valores de excelencia personal.

Desde 1996 comparte ideas sobre cómo sacarle provecho gerencial a Internet en www.internetips.com. Y con este mismo sentido escribió los libros Negocios.com; Mercadeo.com; y El e-mail en el trabajo.

También ha contribuido con el desarrollo profesional de personas y empresas a través de otros libros: El valor de los valores en las organizaciones; Amplía tus oportunidades; Arte Supremo; y Aprende con eficacia.

Ha sido profesor invitado de diversas universidades venezolanas en cátedras de mercadeo, comunicaciones estratégicas e Internet.

Constantemente comparte sus ideas y recomendaciones en numerosos seminarios, conferencias y eventos corporativos en toda Venezuela y en otros países donde ha sido invitado.

Publicaciones de Cograf Comunicaciones

Arte supremo. 50 Prácticas de buena atención al cliente.

Aprenda con Eficacia. Mejora la asimilación y la retención.

Amplía tus oportunidades. Paradigmas de la motivación personal.

El valor de los valores en las organizaciones.
(3ra Edición: Noviembre 2010.

El e-mail en el trabajo. Manual de Supervivencia.
Soluciones y Consejos.

Mercadeo.com. Apuntes prácticos sobre imagen, mercadeo y
ventas para empresarios y gerentes. (2da Edición: Septiembre 2007).

www.libroscograf.com

Cograf Comunicaciones

C O G R A F

Brindamos apoyo a empresas y organizaciones sociales para que promuevan internamente valores relacionados con responsabilidad individual, excelencia personal, atención y servicio al cliente, comunicación interpersonal, trabajo en equipo, visión de futuro y gerencia del cambio.

Sobre estos temas ofrecemos conferencias, seminarios, talleres, programas de entrenamiento, coaching gerencial, eventos corporativos y diseño de reuniones especiales, adaptados a la medida de las necesidades y condiciones de nuestros clientes.

Si desea adquirir ejemplares adicionales de nuestros libros para distribuirlos en su empresa o entre amigos y colegas, ofrecemos interesantes condiciones de precio por volumen.

También realizamos ediciones especiales de estos libros, en las que se incorpora el logotipo de su empresa en la portada y un mensaje especial de su organización, firmado por sus directivos o representantes.

Contáctenos:
Cograf Comunicaciones
Av. Fco. de Miranda con Av. Ppal. de Los Ruices,
Centro Empresarial Miranda, Piso 1, Ofic 1K,
Los Ruices, Caracas 1070, Venezuela.
Telf.: (+58 212) 239-5864 / 237-9702.
E-mail: jucar@cograf.com - www.cograf.com

www.cograf.com

www.cursoscograf.com

www.libroscograf.com

www.internetips.com

www.folletoweb.com

cograf.wordpress.com

www.facebook.com/cograf

www.dialogo2punto0.com

www.artesupremo.com

www.ampliatusoportunidades.com

www.elvalordelosvalores.com